이말용 시집

장기곶 시편

이말용 시집

장기곶 시편

도서
출판 계간문예

■ 시인의 말

나의 시답(詩畓)에는 두 분의 잊지 못할 사람이 있습니다. 한 분은 내가 중3 때 광산업을 하시는 아버지를 따라 서울 봉익동에서 온 김영호라는 소녀, 두 어머님의 치맛자락에 앉아 논두렁 같은 눈빛으로 편지를 주고받았습니다. 군 입대 전까지 편지 속에서 '윤동주의 자화상', '셸리의 종달새에게' 등을 접하면서 시(詩)의 세계로 들어섰습니다.

또 한 사람은 일본아가씨 노리코(紀子)입니다.

1990년 봄 포스코 직장동료들과 등산을 갔다가 한국의 역사문화를 찾아 경주여행 중 남산에 올랐다가 길을 잃고 헤매던 노리코양을 만나 길을 안내해준 것이 인연이 되어 10년 가까이 편지를 주고받았는데 노리코양의 결혼으로 그만 소식이 두절되었습니다. 그러다 몇 해 전부터 정월이면 연하장을 보내오는데, 그 노리코의 인연을 소중히 여기는 마음을 언제까지나 내 가슴 속에 따뜻하게 간직하고 싶습니다.

아득하고 먼 시인의 길을 잘 인도해 주시는 김성춘선생님, 고맙습니다.

아직 덜 익은 저의 시를 시집으로 묶어주시는 백시종 계간문예 편집인님, 고맙습니다.

부족한 시원(詩園)이지만, 서툴고 부족한 대로 소박한 제 삶의 거울인 시집 '장기곶 시편' 을 여러분 앞에 펼쳐놓습니다. 많이 읽어주십시오.

2011년 9월

이 말 용

차례

2부 장기곶 시편

3부 독도 사랑 음악회

1부

산이 훽, 지나간다

산이 휙, 지나간다

겨울 산이 마음을 비우고 있다
나도 산으로 간다

산 어디쯤 앉으니
으악새가 나를 가만히 바라본다

바스락 바스락
나도 으악새를 바라본다

겨울 한 가운데 옷을 벗고
지나간다

찬바람이 내 아랫도리를 휙,
지나간다

산이 휙, 지나간다

生이 휙,

가을

여행하다 잠시 멈춘 시골길
앞뒤 차문을 열어놓고 뒤로 눕는다

바람에
머리카락 흔들리고 있다
스르륵 내려오는 눈꺼풀 틈 사이
무엇인가 스윽, 지나간다

보이지 않은
한 찰나,
내 입술을 훔치고 달아나는
앙큼스러운 도둑

싱그러운 바람에
어쩔 줄 몰라 하는 기분
그 향기 때문인가

사립문도 없는 들녘 모퉁이
확,
놓치고 싶지 않은 시월

포항 시립미술관에서

-수백 년 전에 니체가 말했다.
'신은 죽었다' 라고
나는 말했다. '종이는 죽었다' 라고,
화장지만 빼고 -백남준

일찍이 사마천에도 흠뻑 빠졌던
비디오 철학자
2010포항시립미술관 백남준 특별전
Teletopia
드로잉에서레이저까지

멜빵 차림으로
비디오 아트의 창시자
미디어 아트의 아버지
낙서를 무척이나 좋아한
진달래 산유화 노래 부르며
소월을 그리워하기도 한

음악, 언어, 소리, 성(性), 테크놀리지, 미디어
시각적 뿌리라 일컫는 개념들을 흔들어 놓은

플럭서스, 해프닝, 개념미술, 퍼먼스 미술과
비디오 아트에 이르기 까지
청량제이자 침입자

〈굿모닝 미스터 오웰〉을 통해서
억압된 예술 표현의 자유를
풀어 놓기도 한
인공적인 것과 자연적인 것의 상호 작용을 통해
그 만의 유토피아를
창출해 내고자 했던 영원한 한국의 애인

내가 오늘 그의 속으로 자꾸만 들어가고 있다

어머니 밥상
–南松 朴先生

정년퇴임하고 고향에 내려온 박선생
어머니 곁에 컨테이너집 짓고
자연과 더불어 살고 있다
무엇 하나 부족함 없는 박선생
어머니를 못 잊어
눈부시게 내리는 봄 햇살
가득 밀려오는 꽃 소식
밥상을 차린다
날마다 문안 올린다
봄이 오면 벌 나비 초대하고
삼복 날 점잖은 두루미도
나목 끝자락
하얗게 피는 겨울 꽃도
어머님 밥상이다
떠날 날 잊은 박선생
오늘도 푸짐한 황금 들판으로
밥상을 차린다

お母さん食膳

－南松 朴先生

定年で故郷にもどる朴先生
母の側にコンテナの家を作って
自然と一緒に暮らしている
何ひとつ不足のない朴先生
母を忘れず
まぶしくふりそそぐ春のひざし
たくさん押し寄せる花の頼りに
食膳をのととのえる
日ごとにお見舞いがおとずれる
春がくればﾞハチﾞチョウチョを招待して
眞夏日 上品なタンチョウ鶴も
樹木のすその端
白く?く冬の花も
母の食膳だ
旅立ちの日 忘れた朴先生

今日もたくさんの黄金の野原で
食膳をのととのえる

형제해병

초동들의
머리 위의 팔각 모
대장이다

따따따 노래 부르며 골목을 누볐다
형제가 손을 잡고

마을을 흔드는 회오리바람처럼
영일만에서 붉은 태양으로

연평도 하늘을
노을빛으로 물들인다

가슴에 타오르는
밤하늘에 반짝이는 별들의 모습

바다와 산야를 온몸으로 끌어안고
젊음을 태운다

*두 아들이 해병용사다

119 탔다

119 탔다
하늘이 돌아가고
땅이 흔들리고
선린병원 응급환자실
의사가 달려오고
간호사가 달려오고
주사바늘이 꽂힌다
C T 촬영, 혈압검사, 검사, 검사…….
입원이 확정되고 병실로 옮겨진다
참 좋은 세상
무엇이 그리도 바쁘게 살아왔는지
잠이 부족하고
체력이 탕진 된 상태란다
이제 좀 쉬어가라고
세월이 119 보냈어
좀 쉬어가라고

ひゃくじゅうきゅう-ばん に乗った

－k－119

119に乗った
空がまわっていて
土もゆれている
ソルリン病院 ?急患者室
醫者が走ってきて
看護婦が走ってきて
注射針がさしこまれる
CT撮影, 血壓檢査, 檢査, 檢査
入院が確定して病室に移され
ちょっと良い世界
何がそんなに綺麗に生きてきたのか
睡眠不足で
休力がすっかりなくなった狀態
今, ちょっと休んでいくかと
歲月が119 送った
ちょっと休んでいくかと

소낙비

초록 들판을
뚜벅뚜벅 걸어가고 있다

아카시아 짙은 향기
넘치지 않게

잠시 쉬었다가 다시
또, 뚜벅뚜벅

흠뻑 적시며 하염없는
개구리 울음 속으로

大粒の雨

緑の野原を
一歩, 一歩 歩いている
アカシアの濃厚な香り
超えずに
少し 休んで もう一度
また, 一歩, 一歩
たくさん濡れて
蛙の鳴き?の中で

법당

법당에 앉으니
바람도 없는데
마음이 흔들린다

두 손을 모아도
흔들린다
내 그늘 짙은 곳,

선문禪門 찾아가는 길
산길보다 험준한지
마음이 자꾸 흔들린다

法堂

法堂 に座るのに
風もなく
心も?れる
二つの手を合わせても
ゆれる
私の影の深いところ
未來を探していく道
山道より?しいのか
心がしきにゆれる

하산길

날 저물어
능선에 서면

뼛속까지 스며드는
산골 물소리

산 아래
외로움 하나 깜빡 인다

下山道

日が暮れて
稜線に立てば
骨の中まで染み?むのは
山のせせらぎ
山の下
寂しさがひとつ ちらつく

난蘭

겨울을 보내면서
난 두 분 잃었다

물을 자주 주어 잃었고
물을 주지 않아 잃었다

햇살이 가까워도 짜증내고
너무 멀어도 짜증을 내는

바람 없는 베란다
답답함을 참지 못하는데

베란다 문을 열면
아랫도리에
바람이 찾아 왔어

조금씩 아주 조금씩
노동자 월급 같이

蘭草

冬を過ごしながら
蘭草 二鉢を 失った
水をよく上げて死んだ
水を上げなずに死んだ
日差しが近いけどいらいらして
とても遠くてもいらいらして
風のない ベランダ
息苦しさを我慢できず
ベランダのドアをあげると
下半身に
風が訪ねてきて
ちょっとずつ゛とてもちょっとずつ
勞動者の月給のように

빈터

완벽한 것보다 부족함이 좋다
자유롭게 뛰어 놀 수 있는 빈터

가득 채워짐보다
여유로와 좋다

넘쳐흐르는 풍족함에
거부당하지 않고

차지 않고
모자람이 희망처럼

천덕스럽게
머물 수 있는 자리

조막손 안처럼
맑은 향기

자유롭게
뛰어 들어 올 수 있는

그 작은
빈터가 좋다

엽서가 오면

엽서가 오면
찾다가 놓아 둔
벗들을 찾아가 보자

빛바래 가는 사진
오래오래 잊어버리고 살던
얼굴들 찾아가 보자

엽서가 오면 엽서가 오면
귀밑머리 희끗희끗
추억 속 길 뒤돌아 갈 수 없지만

대왕골 하늘 아래
빳빳한 교복 그 기상으로
아직 못 찾은 벗들 찾아가 보자
엽서가 오면

はがきがきたら

探してしまっておいた
友達を探しにいってみよう
寫眞いろがあせる
ずっと昔に忘れて生きてきた
顔を?しにいこう
はがきがくれば　はがきがきれば
おさげが白くあちこちに見えて
記憶の中の道を後?りできないが
母校 空の下
のりのきいた制服　その徽章で
まだ探せない友達を探しにいこう
はがきがくれば

형산강

낚싯대 드리우면 파란하늘 속에 꽃잎 같은 구름 조각
열목어가 꽃잎을 따먹으러 물살을 가르고 있다
낮달은 쪼그리고 앉아 매화꽃 속에
저마다 풍성하게 그리는 자유로운 그림을 본다
곱게 피는 철쭉과 목련화도 있다
다들 그 속으로 들어가고 있다
물이 문을 열어준다
나는 아직 이 황홀한 풍경 속으로 들어 갈 준비가 없다
호흡을 가다듬고 심장을 가라앉히는 힘을 기르지 못하였나 보다
물이 문을 닫으려 한다
매화꽃이 피고 있다

2부

장기곶 詩篇

장기 장날

4일 9일은
장기 장날

쇠전에는 송아지가
닭전에는 씨암탉이
싸전에는 오곡이
어물전에는 바다가 출렁출렁

국밥 한 그릇
막걸리 한 사발로
때를 에우는
웃음소리 골목보다 더 큰 장터

임중리는 새 장터
구장터는 읍내리

지금은 퉁탕퉁탕 대장간 소리 들을 수 없는
농촌사람 드문드문 오전 잠깐 서는
국밥집도
막걸리 집도
오전만 잠깐 여는

장기천

묘봉산 줄기줄기
방산리에 모여 장기천 이룬다

삼봉산 옹달샘 토끼물 보내고
평동마실 약수는 평등사 풍경소리

푸지산에서 오는 물엔 어린햇살 살고
망해산에서 오는 물엔 목탁소리 살고
괴정계곡 오는 물엔 한지(韓紙)가 있다

너울너울 춤을 추면 동악산이 내려보고
산서에서 오는 물은 매화꽃이 활짝 웃고
월산에서 오는 물은 초승달이 잠겨있다

임중리 장터에서 사람구경하고
읍내리 다방에 앉아 차를 마시고
마현리 향교에서 글을 읽다가
금곡리 용산에 올라 거문고 듣는다

할매 할배바위에 공손히 절 올리고

빳빳한 깊은 물결 신창리 지나
붉은 해 찾아오는 장기 바다 가면
갓바위 쉬는 물새 풍년을 기약하는데

밀고 밀리는 세월 속
속살까지 다 드러낸 장기천

신창리 추어탕집

오동통 살이 오른 추어
콧등 시큰하게 좋아라

기억하리라
그 집

바다 바람이 늘 있는
창가에 앉으면
가마솥 붉은 장작불
화들짝 웃는

미역이랑 가자미도
소반에 앉아

찰싸닥찰싸닥
웃는 그집

향수 입에 물린
별빛 찔끔거리는

먼 수평선
넘실넘실
가슴팍 그득히 쌓이는

숲, 너 어디에 있니

십리길 울창한 장기 숲
너 어디에 가버렸니
이팝꽃 노란 탱자 참벚꽃 느티나무
피부병 시들어지는
얼음 같던 냇물도
저물도록 어디에 너 꼭꼭 숨었니
눈물로 넘던 보릿고개
옥답과 바꾼 숲아
저미는 가슴 달래도
끝내 뒷모습도 안 보여주려는 거니
불어오는 해풍에 현내들 허허롭다
할배 바위 가슴 치고
할매 바위 통곡하기 전
이웃마을 다녀온 듯
우리들 어깨라도 툭툭 쳐 보렴아
내 유년 맑은 눈빛
오, 내 첫사랑아

배일대

해가 뜬다
장기읍성에
금빛 항아리가
용솟음치며
조해루에 뜬다
정월 초하루

* 배일대 –해맞이 하는 곳(읍성)

* 조해루 – 기원을 올리는 루

양포리良浦里에서

짭짤한 바람
바람에 걸터앉으면
가슴 탁 트이는
갈매기는 만선
뱃사공 노 저어 가면
하얀 물결
눈부시게 반짝이는 백사장
끼루룩 끼루룩
추억 하나 줍고
끼루룩 끼루룩
수평선 하나 줍고

고석사古石寺

고석사에 가면
바위에 앉아 있는
다람쥐를 만난다

마주친 눈동자 경계하지 않고
두 손 비비다 딴청 부리는
그냥 가려다 가만 다시 보는

한 번 더
마주친 눈동자 속에
망해산
바람 쫓는 풍경소리 만난다
번뇌 깨는 저 목탁소리 만난다

* 古石寺-포항 장기면 방산리에 있는 절

범밭골 지나며

범밭골에 범이 없다
근기국 도성에서 걸어서 서너 시간
평등사 목탁소리 들을 수 없다

지금은 방산 저수지
푸른 물결만 도도히 흐르고
물속에 떠가는 구름 몇 조각

범의 등짝처럼
터럭마다 내리는 황금빛 햇살
물결 위에 부서지고

* 근기국–오천 원동을 중심의 고대 국가
* 범밭골–장기면 방산리에 있다

푸지산

산 아래
저녁밥 연기

희끗희끗 날리는
귀밑머리

추억이 지나간다
동구 밖 늙은 적삼 같은

서러움
바람에 나부끼는

산 아래
저녁밥 연기

*서촌리 뒷산, 방산리 앞산

장기교회

새로운 물결은
1912년

방산에서 용전 또,
장기읍성 아래

피눈물로 지켜온
저 종소리

생살 도려내는
저 종소리 100년

자유롭다
저 물결

* 방산, 용전-장기에 있는 마을 이름

두엄향기
– 서촌리 155

감꽃 하얗게 피어나는
두엄 향기 코에 익다

오누이 머리 맞대고 감자 누워 먹든
쇠죽솥 아직 녹슬지 않고

새벽 날 홰치는 닭들
송아지 천방지축 엄마 찾는다

활활 타는 장작 빛 넘어
통나무 죽통은 가로 누워 있는데

내 눈에 자박거린다
빙그레 웃는 아버지 그림자

감꽃 하얗게 피어나는데

구름과 안개
– 母校

구름과 안개 가득 서리는
동악산* 기슭
달려오는 푸른 파도
가슴을 열고 앉아있는 곳

울창한 탱자울타리
느티나무 숲 속
열린 가슴
포근한 바람
이팝꽃 향기
피어오르는 곳

고석사 풍경소리에
태양은 솟아오르고
굴렁쇠 굴리는 아이 기다리는
잊어버린 시간을 불러 모으는

문득 가고 싶은

*동악산–포항시 장기면에 있다

장기카페

고향을 기억하며 산다는 것은 아름답다

카페를 열면 향수가 있다
무심히 돌아설 수 없는 그 향수
자박자박 걸어가는 옛 산천

어머니가 있고 누이가 있고
코흘리개 또래가 있는
흘러가는 실개천
흘러가는 그리움

오곡향기 가득히 출렁이는 현내들
함께 어우러져 아름답다

벗들은 산과 바다
그리고 도시 멀리 해외에서
장기 숲 탱자처럼 노랗게 익어가고

날물치 위에 둥근달 뜨면
파도는 바다와 뭍 사이

서로의 몸 섞어
우테크 시대를 열어주고 있다

*우테크-이계송(재미 사업가)의 글
행복 공동체를 만드는 기술

고향

청솔 꽃피는 고향에 가면
호미자루 움켜 쥔 어머니
보리밭 이랑에
여울지고

실개천 흐르는
동구 밖
피리 소리 개구리 소리
동구 밖에
흔들리고

주인 잃은 문패
옛 동무 이름
봄볕에 씻기는

아이들 소리 일어서는 골목길
봄볕에 졸고 있는 낡은 싸리문
누굴 기다리나

모포리 바다

– 이민홍교수 옛집에서

바다에는 한결 또렷한
言語들이 남아 출렁인다

한 줄기 바람은 곱게 눈을 뜨고
파도는 기억을 밟고 있다

진솔한 말들이 흙냄새 풍기며
삐거덕삐거덕
노 젓는 소리

밀려오고 밀려가는
내 안에서 피어나고 있는
모포리 노 젓는 소리

3부

독도 사랑 음악회

독도 사랑 음악회

– 대니 김에게

바다 향기 물씬 풍기는
환호동 물의공원
색소폰이 울고 있다

어두움은 별빛에 안겨
깜빡거리는
동해 먼 섬 하나

외로움 달래며
공원 속에 앉아 있다

애틋한 독도사랑 음악회
열어주는 대니 김
가슴 속에 묻어두었던
깊고 깊은 사랑
밤의 청중들

한 사나이의 음률에
독도가 젖고
포항의 밤이 젖고

ドクト 愛 音樂會

海の香りが鼻につく
浦項 環湖洞　水の公園
サックスが鳴いている
くらやみが星の光にだかれて
またたいている
渡航 遠い島が一つ
さみしさ なぐさ・める
公園の中に座っている
やるせないドクトの音樂會
音樂會を開きます
サキソホン 金さん
胸の中に 隠した
深く深い愛波のように 吐き出せば
よっぱらっている?衆たち
一人の男の音律に
ドクトが濡れて
港の夜が濡れて

훈자(hunza)에 가고 싶다

히말라야 산맥에 위치한 훈자(hunza)
천 년 전 멸망한 훈자국의 유적
파키스탄 동북쪽 산간 오지

동서양이 보기 좋게 뒤섞인
해발 6천m의 눈 덮인 봉우리
지구상에서 가장 아름다운 길이 있다

늦은 봄이면 살구꽃이 지천으로 피는
해발 2500m에 위치한 장수마을
90세 노인이 계단식 밭을 오르내리며

감자 옥수수를 재배하는 가파르고 좁은 땅
손님이 오면 검소한 웃음으로
과일을 대접하고

1km를 걸어 사원을 가는
빵으로 아침을 먹고, 점심은 전통음식
오후에 차를 마시고, 저녁식사 간단하게

척박하지만 아름다운 생生

오,

아름다운.

성철 생가에서

산은 산이 아니요

물은 물이 아니다

알 수 없는

저 죽비 소리

끝없는 선禪의길

아무도 모른다

부처들

– 동리 목월 문학관에서

나 혼자
詩 공부 할 수가
없어
동리 목월 문학관
찾는다
이곳에 와서
만난 사람들
가슴 두근거리는
청순한 미소
영혼이 따뜻해지는 날들
그런 날들 속의
저 석굴암 부처들,
詩공부
나 혼자
할 수가 없어
오늘도
詩를 만나러 가는

꽃배

– 동형에게

우현동 산 깊숙한 자락
아담한 집 한 채
휴가 끝내고 돌아가는 문이 있다
아름답고 행복했던 세월
마무리하는 시간
이제 마음도 내려놓고
몸마저 두고 가는 이별의 시간

조용히 내리는 눈물
바다에 띄워진 꽃배 하나

포항바다
솟아오르는 불꽃을 따라
하얀 명주옷 입고
가만가만 일주문을 열고 가고 있다

꽃배 미끄러져 가니
학처럼 훨 – 훨
무소유로 가는 자유가 있다
동형아…….

꽃들은 봄을 만들고

– 서형이에게

예순이 넘고
할아버지가 되었다
아빠
유치원 다녀왔어요 하던
어린 아들의 어설픈 인사
앳된 다섯 살의 아련한 기억
아가야
아들이 아빠가 되었다

지키리라
꽃들은 봄을 만들고
봄은 길을 열고 있구나

40년

– 동기회

팡파르가 울렸다
난실이 흔들리는 듯한
박수소리

찻잔 속에
새록새록 피어나는 기억
누군가 추억을 밟은 모양이다

보고픈 빡빡머리
쓰다듬는 짜릿한 순간
모교의 옛 모습
일어서고 있다

항해는 어느덧 예순,
칠순의 해로를 가고 있다
닻을 올리는 그날부터
찾지 못한 벗들의 거리는 얼마?

벗들아
그 날의 시간 속으로

음악에 취한 술잔
가고 있다

바람아!

– 노리꼬양

산을 오르다 바위에 누워
오월 하늘을 바라본다

구름 한 조각 약속을 물고
어디론가 가고 있다

뒷머리 쓰다듬는
연달래 꽃잎
구름에 실려 간다

저 하늘 아래 어디 쯤 일까?
바람이 머무는 곳
바람과 그 약속 기다리며
나는 지금 귀밑머리 바래가는
이순의 연달래다

風よ

－紀子 さん

山を登る 岩に寄りかかって
5月の空を眺める
雲一切れと約束して
どこかにいっている
後ろ?をなでるのは
?ユリの花葉
雲に?せていく
あの空の下のどこにあるのか?
風がまっているところ
風とのこの約束を待ちながら
わたしは今´おさげ?が白くなる
耳順の?ユリだ

あけましておめでとうございます

凜（10歳）：吹奏楽でトロンボーンを吹いています。「嵐」に夢中！

樹美（8歳）：大好きなインコのお世話に一生懸命。

晴瑠（5歳）：歌って踊れる三枚目！？

紀子：夏に買ったダッチオーブンが自宅でも大活躍。

礼史：長野マラソンに４年ぶりに挑戦予定。

日本では、K MUSIC 大人気です。

娘たちは、color 大好きです。

福島 礼史・紀子・凜（りん）・樹美（きみ）・晴瑠（はる）

〒381-0025 長野市北長池350 D-707

Tel：(026)263-6026　E-mail：fuku@avis.ne.jp

페넌트

외진 산길
길 잃은 바람
가만 가만
떨림으로 지켜준다

능선과 계곡
틈사이로 밀고 들어오는
숨결과 발자국
아름아름 안는다

무수한
인간의 발자국
소중히
간직한다

또 다른 추억을 기다리는

*pennant–나무에 걸어 두는 작은 깃발

섬진강의 봄

봄이
강마을 매화를 데리고 왔다

어디 그뿐인가
살이 오동통 오른 재첩과

먼 길 여행 끝내고 돌아온 은어와
속살까지 꽉 찬 벚굴도 대동하고 왔다

지리산 깊은 계곡
수정 같은 얼음 속에서

화개장터 지나
겉옷고름 풀어헤치는 연초록빛

봄이 왔다

물속에 산이 앉아

– 피아골

가파른 비탈길
단풍잎 사이로 걸어오는
가을 소리

돌계단 아래
물소리 흐르고
물속에 산이 앉아 있다

출렁다리 저편
바람에 흔들리는 세월
적막한 산장주인

일행을 맞이하는
구리 빛 산골바람
적막한
피아골의 주인

칼바람소리

봄을 이끌고 온
칼바람소리

매화를 키운 건 햇살만이 아니다
슬픔도 외로움도 아니다

섬진강이 있고
넉넉한 도사리* 인심도 아니다

병풍처럼 둘러쳐진 백운산 기슭
봄을 이끌고 온
저
칼바람 소리

*도사리-마을이름

병실에서

병실 앞에 이름표를 달았다

하얀 종이에 주홍빛 글씨
초등학교 명찰 같다

KTX 만큼이나 바쁘게 살아온
겨우 예순을 조금 넘긴 신사
팔순과 아흔은 아직 먼먼 길

좀 쉬어가라고
햇살은 더 밝은 쪽으로
자리를 옮겼나

개울가에서 뛰놀든
그 시절이 그리운 듯
이름표를 어루만진다

산꽃피고 산꽃지고
– 고사리 분교

밀양시 산동면 재약산
산꽃피고 산꽃 지는
산새들 놀이터
달이 뜨는
억새꽃 언덕에
보릿고개 매운
종소리 아직 들린다

폴짝폴짝
아이들 노랫소리
돌아 올 것만 같은
돌아 올 것만 같은
아, 사자평 오솔길
하늘 아래 첫 학교

Posco 역사관에서

구리 빛 얼굴로 가자
모래바람 헤치며
안전화 끈 단단히 메고
우리의 삶과 소망
아
어찌 가지 않을 수 있으랴
저
보릿고개
넘어서 가자
노란제복
어스러지면
우향우*
머-언 먼 훗날
그때
기억하는 이들이 있으리
억센 팔뚝으로 가자
죽순처럼 솟구치는 굴뚝
우리들의 내일, 땀방울로 솟아오르고
영일만 푸른 물결,
뱃고동소리

* 우향우정신: 실패하면 영일만으로

청청한 눈망울
–敎化

여기는 청송
높은 담장
소리 없는 아우성

걸어온 길
에워싸는 안개
울부짖는다

철문이 열리고
긴 복도 돌아서
철문 하나 더 하나 . . .

낡은 삶 씻는
청청한 눈망울
오, 자유가 있다

산나비

산안개 헤치고
녹음 사이로
산 나비 날고 있다
바람이 묻어 온 땀방울
7월 가지에 걸어 두고
가파른 가슴을 내민
복호산伏虎山*
삼복은 능선 저만치 앞서 가는데
젖은 날개
서두르지 않는다
빗장을 여는 산정
초록빛 손을 내밀어도
아직 길 위에 서 있다
나는 서두르고
그 마음
물소리에 감추는데
산안개
녹음 사이로
푸른 꿈 하나 날고 있다

* 복호산:청도 운문사 앞산

■ 발문

詩를 만나러 가는 길

— 이말용 시집, '장기곶 시편'에 붙여

김 성 춘(시인, 동리목월 문예창작대학)

이말용은 겸손한 시인이다.

그의 시는 한마디로 소박하면서 정직하다.

그는 오랜 세월 동안 시를 고뇌하며 시를 면학해 왔고 아직도 시를 향한 그의 열망은 뜨겁다.

그는 포스코, 그 일상의 소용돌이 속에서도 가슴으로 시를 만나고 착한 감수성으로 자신의 가슴에 떨어진 시의 씨앗을 품어서 싹을 튀우고 가꾸면서 짧고 절제 된 시로 감동의 순간을 노래한다.

맑고 순수한 그의 시심에는 샘물같은 잔잔한 감동이 흐르고 '장기곶 고향'을 노래하는 애틋한 향수가 있다.

이말용 시인과 나와의 인연은 경주의 '동리목월

문예창작대학' 에서 시작되었다.

그를 만날 때마다 나는 그에게서 순수하고 겸허한 한 인간을 본다.

나이에 비해 그는 순수하고 겸손하다.

언제나 티없는 시심속에 살고 있는 사람, 이게 또한 그의 매력이다.

*

시를 쓴다는 것은 자신을 고통 한 가운데로 내몬다는것과 같다.

자신의 영혼과 육신에 새겨진 고통스러운 흔적을 언어로 번역해 내는 일과 같다

이렇듯 시작은 어려운 작업인데도 그는 삶속에서 늘 시와 만나는 길을 택한다.

시는 우리의 아픈 상처를 어루만져 주고 때묻은 영혼을 맑게 씻어 주기때문이다.

시인들의 시 속에는 언제나 희노애락애오욕(喜怒哀樂愛惡慾)이 여러가지 모양으로 변주된다.

즉, 다양한 삶의 모습들로 가득하다.

이말용의 시편들에도 이와 같은 삶의 풍경에 시의 기반을 두고 있다.

*

대체적으로 그의 시편들은 '고향 장기곶 이야

기' '삶의 애환과 그리움이 묻어 있는 시', 그리고 '친구와 가족사가 담긴 시편들' 로 이루어져 있다.

먼저 '산이 휙, 지나간다' 를 보자.

겨울산이 마음을 비우고 있다
나도 산으로 간다
산 어디쯤 앉으니
으악새가 나를 가만히 바라본다
바스락 바스락
나도 으악새를 바라 본다
겨울 한 가운데 옷을 벗고
지나간다
찬 바람이 내 아랫도리를 휙,
지나간다
산이 휙, 지나간다
生이 휙,

— '산이 휙, 지나간다' 전문

시 속의 화자는 겨울산에서 으악새를 보고 있다.
겨울산도 으악새도 추위속에 옷을 벗고 있음을 인식한다.
"으악새도 나를 가만히 본다!"
그때 지나가는 찬 바람 속의 나도 떨고 있는 미약한 한 존재임을 깨닫는다.

결국, 찬 바람이 휙, 지나가듯 산도 휙,지나가고 인생도, 나도 한 순간 휙, 지나가는 존재가 아닌가? 하는 질문을 던지고 있다.

짧지만 절제된 행간 속에 "휙".이란 부사 사용이 효과적이다.

얼핏 단순한듯 하지만 깊이가 있다.

모든것은 순간이고, 모든 것은 결국 변한다는 삶에대한 성찰이 담긴 시다.

삶과 인생과의 거리를 담담하게 노래 한 시편들, "가을" "어머니 밥상" "119를 탔다" "난" "빈터" 등에서 인생의 풍경이 노래된다.

*

포항에 있는 시인의 고향, '장기곶'을 노래한 아름다운 시편들을 보자.

푸지산에서 오는 물엔 어린 햇살이 살고
망해산에서 오는 물엔 목탁소리가 살고
괴정계곡 오는 물엔 한지韓紙가 있다

너울 너울 춤을 추면 동악산이 내려 보고
산서에서 오는 물은 매화꽃이 활짝 웃고
월산에서 오는 물은 초승달이 잠겨 있다

(중략)

밀고 밀리는 세월 속
속살까지 다 그려낸 저 장기천

— '장기천' 시의 부분

푸지산, 망해산, 괴정계곡, 삼봉산 옹달샘, 평동마실 약수, 마현리 향교, 임중리 정겨운 장터…….

현대인들은 누구나 고향을 잃고 마음속으로 고향을 그리워하며 산다.

고향의 추억이 묻은 아름다운 옛 모습을 떠 올리고 그 옛 모습이 사라지고 있는 현실을 시인은 안타까워 하고 있다.

"신창리 추어탕집" "배일대" "양포에서" "고석사" "범밭골 지나며" "장기 교회" "숲, 너 어디에 있니" 등에서 그의 애틋한 고향의 시들은 향수를 달래준다.

*

우리들의 삶 속에는 모두 아픈 가족사가 있다.

시인의 아픈 가족사가 담신 짧은 시 한편을 보자.

우현동 산 깊숙한 자락
아담한 집 한 채
아름답고 행복했던 시절
마무리 하는 시간

이제 마음도 내려 놓고
몸 마저 두고 가는 이별의 시간

조용히 내리는 눈물
바다에 띄워진
꽃 배 하나
(중략)
포항 바다
하얀 명주 옷 입고
가만 가만 일주문 열고 가고 있다
꽃 하나
학처럼 훨 훨
무소유로 가는 자유가 있다

동형아…….

— 시 '꽃배'의 부분

포항 앞바다에 띄우는 쓸쓸한 '꽃 배 하나'

차마 말로써는 형용할 수 없는 그 슬프고 아픈 혈육의 이별을 형상화 한 시다.

세상을 떠나버린 혈육을 그리워하며 가슴 아파 하고 있는 화자가 떠오른다.

슬픔을 지긋이 극복하고 가슴 속 상처의 쓰라림을 견뎌야 하리라.

그 상처를 달래려는 부드러움의 정서가 만져

진다.

*

소중한 벗들과의 끈끈한 우정을 노래한 시들, "40년" " 구름과 안개" "엽서" 그리고 아득히 먼 그리움과 사랑을 노래한 시 "바람아"

사랑과 이별, 혹은 삶과 죽음이라는 심오한 주제는 시인들의 영원한 주제이다.

자녀를 향한 따뜻한 육친의 정이 담긴 "형제 해병" "꽃들은 봄을 만들고" 등등 그의 시 곳곳에 희노애락애 오욕, 삶의 풍경이 숨쉬고 있다.

소박하면서도 정직한 시편들, 시인의 맑은 혼의 체취가 풍긴다.

이말용 시인,

그는 아마도 한 평생 시 없이는 못 살 것 같은 체질인지도 모른다.

시를 쓴다는것은 생각해 보면 결코 쉬운 일이 아니다.

그의 시가 앞으로도 현실에 천착 하면서 삶과 자연, 인생과 사물에 대한 본질적인 성찰을 통해 한 걸음 더 깊어지기를 바란다.

다시 한번 이말용의 처녀 시집 "장기곶 시편"의

출간을 진심으로 축하 드리며 소박하고 정직한 그의 시를 위해 건배!

이말용 시집

장기곶 시편

초판인쇄 2011년 8월 27일

초판발행 2011년 8월 29일

지 은 이 이 말 용

발 행 인 서 정 환

편 집 인 백 시 종

주 간 채 문 수

편 집 장 강 병 석

편집차장 박 명 숙

편 집 권 은 경 김 미 림

펴 낸 곳 도서출판 계간문예

주 소 서울시 종로구 익선동 30-6

운현신화타워 207호

전 화 02) 3675-5633

등 록 2005년 3월 9일 제 300-2005-34호

e-mail qmyes@naver.com

ISBN 978-89-6554-027-4 (03810)

값 10,000원